AF297960

*Gage d'Amour et de la plus vive Reconnaissance.*

## A Monsieur

# Pierre DUBROCA.

*Si les sentimens de la plus tendre affection que je nourris pour vous, mon cher Oncle, ne m'eussent point porté à vous dédier ma Thèse, la reconnaissance m'en aurait fait un devoir. C'est vous qui m'avez mis à même d'étudier avec fruit ; c'est donc à vous que je suis redevable du peu que j'ai pu acquérir dans l'étude pénible et difficile du Droit. — D'aignez agréer ce faible fruit de mon travail.*

*L.on Dubroca.*

## FACULTÉ DE DROIT DE TOULOUSE.

# ACTE PUBLIC

## Pour la Licence,

EN EXÉCUTION DE L'ART. 4, TIT. 2 DE LA LOI DU 22 VENTÔSE AN 12.

M. DUBROCA ( Bernard-Lucin ), né à Lavardac ( Lot et Garonne ), soutiendra l'Acte Public général sur tous les objets d'étude fixés pour les trois premières années, desquels ont été extraits les lois, titres et articles suivans.

# Jus Romanum.

## Liber III, Titulus XXVII.

### De Mandato.

Sub triplici specie perspicere potest mandatum, scilicet : quid est mandatum et quotuplex est actio quæ ex illo nascitur ; quibus modis potest contrahi ; quibus deniquè modis finitur. In tribus paragraphis tractanda est causa.

## § I.

### *Quid est Mandatum , et quotuplex est actio quæ ex illo nascitur.*

*Mandatum est contractus solo consensu constans , quo negotium honestum aliqui gratuitò gerendum committitur et à quo gratuitò suscipitur.*

Ex illà definitione sequitur ut , si merces acciperet mandatarius, extiterit locatio, quòd ex amicitià procedit omne mandatum et gratuitum naturâ esse debet. Quamvis mercede conductus non sit, attamen exactissima cura adhibitur , imò culpam levissimam præstat mandatarius.

Actiones mandati directa et contraria ex illo contractu oriuntur.

Directa datur mandanti contrà mandatarium ad exequendum negotium et reddendam rationem gestionis. — Contraria datur mandatorio adversus mandantem ad impensas repetendas.

Diligentissimè fines a mandatario custodiri debent , hoc effatum imâ sapientià editum est ; alioquin mandato sæpissimè abuteretur. Ante Justinianum auctores variis sententiis defferebant in hoc casu : Mando Titio ut fundus emat pro centum , emit pro centum quinquaginta. Poterat ne Titius , actione contrarià , usque ad centum agere ? Hoc dubium a Justiniano sublatum est , et affirmativa ab illo adoptata est. *Quæ sententia* , inquit, *sanè benignior est.*

## § I I.

### *Quibus modis potest contrahi Mandatum.*

Mandatum potest contrahi quinque modis , scilicet : mandantis tantùm gratià ; mandantis et mandatarii gratià ; alienà tantùm gratià ; mandantis et alienà gratià ; deniquè mandatarii et alienà gratià.

Mandantis tantùm gratià existit, si quis mihi mandet ut ejus negotia geram. Evidentissimum est in hoc casu omne mandanti assumi commodum.

Sed si mandem alicui ut sub usuris pæcuniam credat ei , qui eam
in rem meam mutuaturus sit , *mandantis et mandatarii gratiâ* con-
trahitur mandatum. Hic manifestum est versari mandantis commodum
propter lucrum usurarum mandatarii.

*Alienâ tantùm gratiâ.* Si Mævius tibi mandet ut Titii negotia geras.
Minimè interest Mævii. Etiamsi Titius utilitatem capiat , penès
Mævium tamen est periculum , quippe actione contrariâ tenetur , si
mandatarius mandatum executus fuerit. Si autem mandati ab initio
Titii nulla utilitas versetur , tamen paulò post utilè fieri potest man-
datum.

*Mandantis et alienâ gratiâ.* Si Fulvius Mævio mandet ut sibi et
Titio fundum emat , vel pro utroque fidejubeat. Incipiendum est
in hàc specie merum Titio et Fulvio tribueri commodum.

*Mandatarii et alienâ gratiâ.* Si Theophilus mandet Lucinio ut
pæcuniam sub usuris credat Titio. Lucinii hìc interest propter usuram;
Titii propter usum pœcuniæ.

Mandatum propria negotia gerere merum consilium habetur , quod
talem delegationem concipere nequeunt. Hoc mandatum non est
obligatorium , undè nulla oritur actio. Pro re turpi non existit mandatum.

Ille contractus et in diem defferri et sub conditione fieri potest.

## § 1 1 I.

### *Quibus modis finitur Mandatum.*

Tribus modis finitur : nam revocatione , re integrà ; morte mandantis et mandatarii , adhuc mandato integro , et renunciatione man-
mandatarii tempestivâ.

Naturale est ut solà voluntate et renuntiatione mandatoris confi-
ciatur mandatum ; ali quin ità astringeretur ergà mandatarium ut
nunquàm dissolvere posset. Justè sententia è mente legislatoris abfuit.
Attamen si mandatarius partem procurationis exequutus sit , mandatum solummodò tempore revocationis solvitur ; sed usque ad partem
exequutam actione contrariâ agere potest mandatarius.

Morte tàm mandantis quàm mandatarii mandatum extinguitur. Cùm
iste contractus procedat ex amicitià , sequitur è sententiâ , ut eadem

ratio utriusque morte existere nequeat ; ergò naturâ rerum dissolvitur mandatum. Si mandatarius penè delegationem exequutus fuisset, contrà hæredes defuncti ad repetendas impensas actione mandati justè ageret.

Quamvis mandatarius mandatum accepisset, tamen si posteà negotium maximi ponderis sibi subvenerit , et si curis se absorberet , justum est tempestivè renuntiare posse , et actione contrariâ usque ad partem mandati exequutam in illo casu agit.

# Code Civil.

### Livre 1.er , Titre 3.

### *Du Domicile.*

On distingue deux espèces de domicile ; le domicile politique et le domicile réel ou civil. Le politique est au lieu où tout citoyen exerce ses droits politiques ; mais lorsqu'une personne ne quitte le lieu qu'elle habitait qu'avec l'espoir d'y revenir , si elle y avait son principal établissement , le centre de ses affaires et le siége de sa fortune , c'est ce qu'on appelle le *domicile civil.* Il faut donc , pour changer ce domicile , que l'intention résulte d'une double déclaration faite tant à la municipalité du lieu que l'on quitte , qu'au lieu où l'on veut le transférer. Elle peut être expresse ou tacite. Dans ce dernier cas , elle dépendra des circonstances. La loi donne néanmoins quelques exemples de cette déclaration tacite ; mais elle n'a pu les spécifier tous. Ainsi , celui qui accepte une fonction à vie aura son domicile au lieu où il exercera cette fonction ; le mineur aura celui de son père ou de son tuteur ; la femme celui de son mari. Une succession ne pourra s'ouvrir qu'au domicile du défunt ; néanmoins l'individu appelé à une fonction publique temporaire ou révocable , conserve son ancien domicile ( 102 à 110 , c. c. ).

On reconnaît encore le domicile élu. Celui - ci n'a lieu que pour l'exécution d'un ou de certains actes ; il est restreint seulement aux

cas stipulés. Les significations et demandes peuvent être faites tant
au domicle élu qu'au domicile réel du débiteur , pourvu que l'élec-
tion n'ait point eu lieu en sa faveur.

## Titre 4.

### *Des Absens.*

Le législateur, sage et sévère, a toujours, par une tendre sollici-
tude, veillé aux droits des citoyens. Tantôt il a arrêté la cupidité d'un
homme puissant , prêt à envahir l'héritage de son voisin. Tantôt il
a donné une main tutélaire à celui qu'un âge encore tendre ne per-
mettait pas de se conduire et d'administrer ses affaires. Ici il surveille
les intérêts de celui que la nature a privé de sa raison. Là , plus
prévoyant encore , il n'a point abandonné un dissipateur au gré de
ses passions ; aussi l'a-t-il soumis à un conseil judiciaire. Il ne pouvait
donc , sans s'éloigner des principes de justice qu'il avait pris pour
base , livrer au hasard ou souvent à la cupidité de quelques avides
collatéraux les droits de l'absent. Les règles qu'il a tracées à ce sujet
font l'objet du titre que nous allons traiter et que nous développerons
successivement dans les détails où nous entrerons sur cette matière.

Pour fixer nos idées d'une manière claire et précise sur ce titre ,
nous le diviserons en trois périodes : présomption d'absence et ses
effets ; déclaration d'absence et ses effets ; enfin, envoi en possession
définitive et ses effets.

## PREMIÈRE PÉRIODE. — CHAPITRE PREMIER.

---

### Présomption d'Absence et ses effets.

#### Paragraphe Premier.

#### *Présomption d'Absence.*

On entend en jurisprudence par le mot *absent*, celui qu'un jugement
a déclaré tel. La justice ne peut être autorisée à faire cette décla-

ration qu'autant que l'existence ou le décès de l'individu paraissent très-incertains, et que le temps déterminé par la loi se soit écoulé.

Il ne faut pas d'après la difinition que nous venons de donner de l'absent, le considérer en présomption d'absence toutes les fois qu'il s'éloigne de son domicile ; il faut en outre qu'on ignore le lieu ou il est, et qu'on n'ait point reçu depuis long-temps la moindre de ses nouvelles. L'art. 115 fixe la durée de cette présomption jusqu'au jugement de déclaration d'absence, c'est-à-dire pendant cinq ans à partir de sa disparition ou de ses dernières nouvelles.

Aux termes de l'art. 112 si le présumé absent n'a point laissé de procuration, les tribunaux peuvent pourvoir à l'administration de ses biens ; néanmoins dans la présomption d absence , la justice ne peut pas sous le spécieux prétexte d'une protection préﬁpitée, se mêler des affaires de l'absent, il faut qu'il y ait *nécessité reconnue*. C'est ce qui résulte de l'article précité.

Le même article dit : *il y sera statué par le tribunal de première instance*. Ces expressions ont fait naître la question de savoir, dequel tribunal le législateur avait entendu parler. Est-ce de celui du domicile réel de l'absent ou de celui de la situation des biens ? Il résulte de la discussion du conseil d'état et de l'opinion unanime des auteurs, qu'il s'agit du tribunal du domicile. Les juges ne peuvent point ordonner des mesures générales indistinctement ; car tel bien peut avoir besoin d'être administré, tandis qu'il en est autrement pour tel autre ; d'ailleurs l'article s'exprime ainsi : *en tout ou en partie*. Des règles certaines n'étant point tracées par la loi , le tribunal doit se guider d'après sa conscience et les circonstances.

Toutes les fois qu'il faudra procéder à des comptes, à des partages ou à des liquidations , dans lesquels l'absent aura des droits , le tribunal commettra un notaire pour discuter les intérêts de celui-ci. Ces mesures doivent être prises *sur la demande des parties intéressées*. Qu'entend-on par ces derniers mots ? Tous les auteurs s'accordent à dire qu'il faut comprendre par ces expressions les créanciers et les communiers de l'absent.

L'art. 114 a prévu le cas où aucune demande ne fût faite par ceux qui devaient agir , alors le procureur du roi doit réclamer d'office

les mesures nécessaires, puisqu'il est dit dans cet article : *le minis-*
*tère public est spécialement chargé de veiller aux interêts des présu-*
*més absens.*

## § II.

### *Des Effets de la présomption d'Absence.*

1.º L'ABSENT n'est présumé ni mort, ni vivant. 2.º Celui qui forme
une demande doit prouver qu'elle est fondée.

Ainsi, et d'après l'art. 135, *quiconque réclamera un droit échu à*
*un invidu dont l'existence ne sera pas reconnue, devra prouver que*
*ledit individu existait quand le droit a été ouvert ; jusqu'à cette preuve*
*il sera déclaré non recevable en sa demande.*

Le mandataire qui réclame une somme au nom de son mandant
doit-il prouver son existence ? Il faut décider cette question néga-
tivement, parce que la somme n'en serait pas moins due quand sa
mort serait prouvée.

Il semble à la simple lecture des art. 113 et 136 qu'il existe entre
eux une antinomie frappante ; cependant d'après la discussion qui
eut lieu au conseil d'état à ce sujet, il sera facile de les concilier.
On trouve dans l'article 136 que lorsqu'il s'ouvre une succession à
laquelle aura droit une personne dont *l'existence ne sera point re-*
*connue*, elle sera dévolue exclusivement *à ceux avec lesquels il*
*aurait eu le droit de concourir.* Au contraire, selon l'art. 113 le
tribunal nommera un notaire pour représenter l'absent dans les *inven-*
*taire, partage et liquidation.* Voici comment il faut expliquer ces deux
textes : si les parties intéressées ne veulent point profiter de l'avantage
que la loi leur accorde et qu'elles reconnaissent l'existence de l'absent,
alors il faut appliquer les dispositions de l'art. 113 ; mais s'ils veulent user de tous leurs droits, et que l'existence soit méconnue, la
dévolution, d'après l'article 136, est faite en leur faveur. Ainsi se
trouvent parfaitement conciliés les articles précités.

Nous ne pensons pas, quoiqu'en dise M. Proudhon, que la rigueur
de ce principe puisse être appliquée à tous les cas. Cet auteur enseigne
que lorsqu'un individu meurt, laissant un fils et des enfans d'un

autre fils qui a disparu , dans ce cas l'oncle recueille esclusivement la totalité de la succession de son père au détriment de ses neveux. La justice , la raison et l'humanité s'opposent à ce que l'on adopte cette opinion.

L'article suivant accorde l'action en pétition d'hérédité à l'absent ; mais ceux qui auront recueilli gagneront les fruits perçus de bonne foi ( 137 et 138 ).

Les enfans mineurs du père qui a disparu seront sous la surveillance de la mère , si elle existe ; si elle est décédée lors de la disparition , ou si elle meurt avant la déclaration d'absence , le conseil de famille déférera la surveillance aux ascendans les plus proches. Il est difficile de concilier la disposition de l'art. 142 avec celle de l'art. 402, qui décerne la tutelle, de plein droit, aux ascendans , sans le concours du conseil de famille.

## SECONDE PÉRIODE. — CHAPITRE 2.

## Déclaration d'Absence et de ses Effets.

### PARAGRAPHE PREMIER.

### *Déclaration d'Absence.*

Trois conditions sont essentiellement nécessaires pour que l'absence soit valablement déclarée ; 1.º éloignement du domicile ou de la résidence ; 2.º défaut de nouvelles ; 3.º laps de temps exigé par la loi depuis la disparition ou dernières nouvelles. Si ces trois circonstances ne se trouvent pas réunies, il n'y a pas lieu à la déclaration d'absence. C'est ce qui résulte évidemment des termes de l'art. 115. Une autre condition se trouve renfermée dans les articles 121 et 122 ; c'est le cas où l'absent aura laissé une procuration. La demande ne pourra , dans ce cas , être valablement formée qu'après dix ans. Si cette procuration vient à cesser , il sera pourvu à l'administration des biens,

pendant

pendant cet intervalle de temps, de la même manière que pour la
simple présomption, dont les règles sont développées plus haut.

La demande en déclaration d'absence doit être provoquée par les
parties intéressées. Sont-ce des mêmes *intéressés* dont s'occupe l'article 112 ? Pour répondre à cette question, il ne faut que jeter un
coup d'œil rapide sur les art. 120 et 123. Dans le premier, comme
dans le second, on lit que les *héritiers présomptifs* peuvent se faire
envoyer en possession : ce sont donc eux qui sont intéressés à faire
déclarer l'absence, et non pas les créanciers. Je ne crois pas cependant que ces articles n'aient entendu parler taxativement que des
héritiers présomptifs. Il faut décider, avec M. Toullier, que tous
ceux qui ont un droit soumis au décès de l'absent, ont qualité pour
former cette demande, dans le cas où les héritiers gardassent le
silence.

C'est toujours devant le tribunal du domicile de l'absent qu'il faut
s'adresser. Ce tribunal, nanti de la demande, doit ordonner une
enquête, pour se convaincre si elle est fondée ; car il n'est pas obligé
de déclarer l'absence : il doit, selon les circonstances, faire droit ou
rejeter les réclamations des demandeurs. Tous jugemens seront rendus
contradictoirement avec le procureur du roi. La demande en déclaration d'absence ne peut être faite que quatre ans après la disparition ou
les dernières nouvelles ; et un an après celui qui a admis l'enquête,
le jugement définitif est rendu. Le procureur du roi sera tenu d'envoyer, en leur temps et lieu, au ministre de la justice, tant l'expédition du jugement interlocutoire que du jugement définitif, pour
qu'ils soient rendus publics.

## § II.

### *Effet de la Déclaration d'Absence.*

Lorsque l'absence est déclarée, les héritiers présomptifs peuvent
se faire envoyer en possession provisoire des biens de l'absent. Il
faut remarquer l'expression dont s'est servi le législateur : des biens
qui *appartenaient* à l'absent au jour de son départ, est-il dit dans

l'art. 120; ce qui prouve, jusqu'à l'évidence, qu'après la déclaration les effets de l'absence rétroagissent au jour de la disparition. Ainsi les héritiers n'ont pas droit seulement aux biens existans au moment où ils sont envoyés en possession, mais encore à ceux que l'absent possédait lorsqu'il a disparu. Les donataires, les légataires et tous ceux qui ont des droits subordonnés à la condition du décès, pourront les exercer. Malgré la clarté et la précision de ces expressions, on a élevé la question de savoir, si le nu propriétaire d'un immeuble, dont l'absent avait l'usufruit, serait tenu d'attendre l'envoi en possession définitif, ou que cent ans se soient écoulés depuis la naissance de l'usufruitier, pour exercer son droit. Nous n'hésitons pas à soutenir la négative ( 120 et 123 ).

Les héritiers ou autres ne peuvent se mettre en possession qu'en vertu du jugement émané du tribunal du domicile de l'absent. Cet envoi peut être prononcé par le même jugement déclaratif d'absence, ou par un jugement séparé. L'envoi en possession provisoire n'étant qu'un dépôt, il ne leur est confié qu'aux conditions suivantes : 1.º ils sont tenus de fournir caution ; 2.º ils devront rendre compte de leur administration à l'absent, s'il se représente ; 3.º ils doivent enfin faire procéder à l'inventaire du mobilier et des titres de l'absent, en présence du procureur du roi, ou d'un juge de paix commis à cet effet ( 125 et 126 ).

Ceux qui auront été envoyés en possession provisoire pour administrer les biens, ne seront pas obligés de rendre tous les fruits, si l'absent reparaissait. Voici comment dispose à cet égard l'art. 127 : seront tenus ( les envoyés en possession ) de rendre le cinquième, s'il reparaît avant quinze ans, depuis le jour de sa disparition, et le dixième, s'il ne reparaît qu'après.

Cependant dans le cas d'absence du mari, la femme mariée sous le régime de la communauté peut s'opposer à cet envoi et à l'exercice des droits subordonnés à la condition du décès, en optant pour la continuation de cette communauté. Elle ne le pourrait pas si elle était séparée de biens, ou si elle eût contracté sous le régime dotal. Cependant ici s'élève une question très-importante : lorsque les conventions du mariage se trouvent réglées par ce dernier régime, modifié par une société d'acquêts, l'époux présent pourra-t-il arrêter l'envoi en possession, en optant pour la continuation de la société d'acquêts? Le régime dotal ainsi restreint, n'est autre chose qu'une communauté conventionnelle, et l'art. 124 ne distingue pas; d'ailleurs, les articles 1498 et 1499 se trouvent sous la rubrique du régime de la communauté, et qualifient cette société du nom de *communauté d'acquêts*. On doit conclure de là qu'il y a les mêmes raisons de décider. Dans l'un et l'autre cas, soit le mari, soit la femme, ils sont obligés de fournir caution pour les biens qui ne sont pas compris dans la communauté. L'époux qui optera pourra renoncer à cette option dans la suite.

Pendant tout le cours de la seconde période, les immeubles ne peuvent, dans aucun cas, être aliénés, ni hypothéqués par ceux qui jouissent en vertu de l'envoi provisoire. L'art. 2126 semble ici être en opposition manifeste avec l'art. 128 : en effet, dans le premier on voit l'immeuble de l'absent susceptible d'ypothèque conventionnelle pour les causes, et en suivant les formes voulues par la loi ; et dans le second, au contraire, on lit indistinctement ces mots : *ne pourront hypothéquer*. Il faut décider que l'art. 2126 n'est que la modification de l'art. 128. D'ailleurs l'art. 2125 déclare d'une manière générale que l'immeuble sur lequel on a un droit soumis à une condition ou résoluble dans certain cas, peut être hypothéqué sous la même condition. —Si l'absent reparaît avant, ou si son existence est prouvée pendant l'envoi provisoire, les effets du jugement qui aura déclaré l'absence, cesseront, sans préjudice des mesures prises d'après l'art. 112 et suivans (131).

## TROISIÈME PÉRIODE. — CHAPITRE 3.

*Envoi en Possession définitif, et ses Effets.*

---

### Paragraphe Premier.

Après que trente ans se seront écoulés depuis l'envoi en possession provisoire, ou depuis que l'époux commun aura pris l'administration des biens , ou après cent ans révolus depuis la naissance de l'absent , la présomption de mort a acquis un tel degré de consistance, qu'il n'est plus permis de douter de son décès. C'est alors que les parties intéressées peuvent demander l'envoi définitif : ils doivent toujours s'adresser au tribunal du domicile.

## § II.

### *Des Effets de l'envoi définitif.*

Après l'envoi définitif, la totalité des biens de l'absent appartiennent aux envoyés en possession. Toutes les cautions sont alors déchargées ; cependant ils ne prescrivent jamais contre l'absent ; car, à quelque époque que celui-ci reparaisse ou que son existence soit certaine , il reprend ses biens *dans l'état où ils se trouvent.* D'où il résulte clairement qu'ils peuvent les aliéner à titre gratuit et onéreux , ou les hypothèquer comme tout autre bien, qui leur serait propre. Il s'évince encore de ces expressions, que l'absent a droit de réclamer les revenus ou fermages arriérés, dûs par le fermier au débiteur, et même ceux que les héritiers auraient perçus depuis son retour ( 129 et 131 ).

Les enfans et les descendans de l'absent peuvent également dans les trente ans, à compter de l'envoi définitif, demander la restitution de ces biens ; ils peuvent, lorsqu'ils se présentent dans la deuxième période, en prouvant la mort de leur auteur, réclamer les fruits que l'article 127 accorde à celui-ci ( 133 et 130 ). La prescription peut leur être opposée, s'ils forment leur demande trop tard.

Dans aucune circonstance, si la mort n'est pas prouvée d'une manière non équivoque, l'époux présent ne pourra jamais se remarier. Le législateur a été ici fort sage et prévoyant, autrement il arriverait que deux époux fatigués de traîner plus long-temps les chaines d'un mariage qui leur était devenu insupportable, auraient convenu d'une prétendue absence pour convoler à une seconde union, et par ce moyen la route aurait été ouverte au divorce par consentement mutuel. Cependant s'il arrivait qu'en trompant l'officier de l'état civil, un second mariage eut été contracté, l'article 139 déclare l'époux délaissé seul recevable à demander la nullité de ces nouveaux liens. Les mêmes inconvéniens que nous avons prévus se reproduiraient avec la plus grande facilité, s'il fallait s'en tenir rigoureusement au texte. Il faut donc décider que le ministère public est compétent et peut agir d'office.

# Code de Procédure Civile.

## Livre 1.<sup>er</sup>, Titre 6.

### *De la mise en cause des Garans.*

On appelle *garant* celui qui se rend responsable de quelque chose envers quelqu'un, et qui s'oblige de l'en faire jouir. De là suit que lorsqu'un défendeur est cité devant un tribunal de paix pour le délaissement d'un immeuble ou pour l'acquittement d'une dette qu'un tiers lui avait garanti, il demande en ce cas à mettre *garant en cause*. S'il veut que cette garantie soit jugée en même temps que la demande pour laquelle il est cité, il doit en faire la déclaration à l'audience, dès la première comparution. Le juge de paix rend alors un jugement interlocutoire, dans lequel il ordonne la comparution du garant, et le jour est fixé eu égard à la distance de son domicile réel. L'article 32 ajoute, que la citation sera *libellée* au garant, sans avoir besoin de lui notifier le jugement, c'est-à-dire elle expliquera l'objet de la demande en garantie ; c'est une précaution de la loi, afin de ne pas multiplier inutilement les frais.

Le défendeur ne peut pas, sous prétexte de mettre garant en cause, retarder la décision du juge sur l'action principale. Ainsi, si la demande n'a pas été faite à la première comparution, ou si on a laissé passer le délai pour la citation, le procès sera vidé, sauf à statuer séparément sur la demande en garantie.

Quant la mise en cause du garant n'a pas été requise en temps utile, rien n'empêche qu'elle ne fasse l'objet d'une contestation séparée entre le défendeur et le garant, quand il conviendra au premier d'exercer son action.

## TITRE 7.

### *Des Enquêtes.*

L'ENQUÊTE est la recherche de la vérité. Toutes les fois que les parties ne sont pas d'accord sur un fait, le juge de paix doit admettre la preuve par témoins, pour éclairer sa justice.

Si le jugement ordonne une enquête, dit l'article 29, la cédule de citation fera mention de la date du jugement, du lieu, du jour et de l'heure. Ainsi les témoins seront obligés de se rendre à l'époque indiquée par le jugement interlocutoire ; sur l'interpellation qui leur sera faite, ils devront déclarer leurs nom, profession, âge, demeure, degré de parenté de l'une et de l'autre partie, et feront serment de dire la vérité.

Les parties ne pourront reprocher les témoins après la déposition. Ils seront entendus séparément, sans être nullement interrompus par elles.

Quand l'objet en litige exigera que le juge de paix se transporte sur les lieux, il devra s'y rendre, accompagné du greffier, pour y recueillir la déposition des témoins qu'il aura appelés. Dans les causes seulement sujettes à appel, le greffier dressera procès-verbal de l'audition des témoins. Si le jugement est en dernier ressort, il énoncera le résultat du transport et l'audition des témoins.

## TITRE 8.

### *Des Visites sur les lieux et appréciations.*

IL arrive souvent qu'il est nécessaire que le juge paix se rende sur les lieux contentieux, pour se convaincre par lui-même des faits qui lui sont dénoncés ; c'est en effet le plus sûr moyen d'apprécier la valeur des indemnités et dédommagemens réclamés. L'objet de la visite ou de l'appréciation peut exiger quelquefois des connaissances étrangères au juge de paix ; dans ce cas, il ordonne l'assistance de gens de l'art, qu'il nomme dans le même jugement qui prononce la visite des lieux. Le juge de paix ne sera pas obligé de s'en tenir à leur avis, il les consultera seulement. Le jugement pourra être rendu sans désemparer.

Est-il néanmoins nécessaire de dresser procès-verbal de l'avis des experts ? Il faut ici faire une distinction ; si l'affaire est de nature à être jugée en dernier ressort, il n'est point fait de procès-verbal ; mais le juge de paix fait mention du nom des experts, de leur prestation de serment, et du résultat de leur avis, tandis qu'il en est dressé un, si le jugement est sujet à l'appel. Ce procès-verbal sera signé par le juge, le greffier et les experts, s'ils savent signer ou mention sera faite du contraire.

## TITRE 9.

### De la Récusation des Juges de Paix.

LES juges de paix pourront être récusés, 1.º quand ils auront intérêt personnel à la contestation ; 2.º quand ils seront parens ou alliés des parties, jusqu'au dégré de cousin germain inclusivement ; 3.º si dans l'année qui a précédé la récusation, il y a eu procès criminel entre eux et l'une des parties ou son conjoint, ou ses parens et alliés en ligne directe ; 4.º s'il y a procès civil existant entre eux et l'une des parties et son conjoint ; 5.º s'il a donné un avis écrit dans l'affaire.

Lorsqu'une partie voudra récuser le juge de paix, elle exposera les motifs de la récusation dans un acte qu'il fera signifier au greffier, qui visera l'original, par un huissier à ce requis ; copie sera déposée au greffe, après que la partie ou son fondé de pouvoir aura signé la copie et l'original. Deux jours après cette signification, le juge de paix sera tenu de déclarer au bas de cet acte son refus ou son acquiescement, avec ses moyens. Trois jours après, l'expédition de l'acte de récusation et la déclaration du juge de paix, sera envoyée au procureur du roi du tribunal de l'arrondissement du juge de paix, qui statuera sur la récusation, sans qu'il soit nécessaire d'appeler les parties.

# Pandectes.

CODE CIVIL, LIVRE 3, TITRE 3, CHAPITRE 3, SECTION 4.

## *Des Dommages et Intérêts résultant de l'inexécution des Obligations.*

POUR l'intelligence de la matière, nous diviserons cette section en deux paragraphes; 1.º quand est-ce que les dommages sont dûs; 2.º en quoi consistent les dommages et intérêts, et comment ils doivent être fixés.

### PARAGRAPHE PREMIER.

## *Quand est-ce que les Dommages et Intérêts sont dûs?*

LE code civil, dans l'article 1149, les définit, la perte que l'on a faite et le gain dont on a été privé. C'est ce qui résulte également de la loi 13, ff. rat. rem. hab. sur laquelle l'article précité a été calqué : *quantum mihi abest, quantumquè lucrari potui.*

Il ne peut pas y avoir lieu à des dommages et intérêts, s'il n'y a point eu d'obligation; car on ne peut pas indemniser une personne à laquelle on n'a rien promis. Il suit de là et de la définition que nous avons donnée de ces dommages, qu'ils prennent leur existence dans l'inexécution, le retard ou la mauvaise exécution des obligations. Ainsi le débiteur est tenu d'indemniser le créancier des pertes qu'il a éprouvées par son manque de parole ( 1147).

Mais

Mais pour que les dommages et intérêts soient dûs, il faut que le débiteur soit mis en demeure, à moins que l'on eût stipulé dans l'obligation qui fait le sujet de la demande, qu'il serait en demeure sans qu'il soit besoin d'acte et par la seule *échéance du terme*. Ainsi, si le débiteur est suffisamment averti, il sera soumis à une indemnité, encore que l'inexécution ne provînt point de sa mauvaise foi, s'il ne prouve qu'une cause étrange et indépendante de sa volonté y a donné lieu, mais il faut qu'elle soit clairement justifiée.

Le débiteur n'est tenu que des dommages et intérêts que l'on a pu prévoir lors de l'obligation. C'est sur ce principe de la plus profonde sagesse qu'est basé l'art. 1150. J'ai vendu un cheval à un négociant, et je me suis obligé de le lui livrer à une époque convenue. Je n'exécute pas mon obligation, et le négociant, qui avait besoin du cheval au tems déterminé pour faire un voyage nécessaire, se trouve avoir éprouvé des pertes qu'il aurait évitées s'il avait effectué son voyage. Peu de jours après il est forcé d'acheter un autre cheval, qui lui a coûté cent francs de plus que le mien. Je devrais l'indemniser seulement pour les cent francs. *Damni et interesse, propter ipsam rem non habitam.* L'article ajoute cependant *lorsque ce n'est point par son dol.* En effet, quiconque commet un dol s'oblige indistinctement, *velit, nolit*, à la réparation du tort qu'il a causé. Il est apporté une exception, du moins une modification, à ce principe rigoureux par l'art. 1151, où il est dit que les dommages et intérêts ne sont dus que pour ce qui est une *suite immédiate et directe* de l'inexécution de la convention. Pierre me vendit un bœuf qu'il sait être atteint d'une maladie contagieuse; cette maladie est bientôt communiquée au bétail qui se trouve dans mon étable, et la mort en est la suite. Cette perte déjà considérable me force de négliger la culture de mes terres, ce qui me cause encore un préjudice notable. Dans ce cas le vendeur ne sera tenu d'indemniser l'acquéreur que de la perte du bétail, parce que sa prévoyance n'avait pas pu se porter plus loin.

Il ne sera point dû des dommages et intérêts si l'inexécution est survenue par force majeure.

3

Cependant si les parties ont stipulé dans l'obligation principale qu'elles se soumettaient à payer une somme déterminée *à titre de dommages et intérêts*, faute d'inexécution de l'une d'elles. Cette convention sera une loi pour les contractans qu'ils devront observer. *Sic volontas, et erit lex.*

## § II.

### *En quoi consistent les Dommages et Intérêts, et comment doivent-ils être fixés.*

Lorsque l'obligation est de faire ou de ne pas faire, soit qu'elle n'ait pas été exécutée, soit qu'elle ait été retardée, soit enfin qu'elle ait été mal exécutée, les tribunaux doivent se guider d'après leur conscience, les circonstances et l'avis d'experts à ce nommés, pour fixer les dommages et intérêts, s'ils n'ont point été établis par les parties.

Quand l'objet de l'obligation consiste en une somme à payer, les dommages résultant du retard d'exécution ne pourront jamais excéder l'intérêt légal, selon l'art. 1153. Quoique la jurisprudence de tous les tribunaux du royaume prohibât sévèrement comme un anatocisme usuraire de prendre l'intérêt de l'intérêt, néanmoins l'article 1154 le permet dans le concours de deux circonstances ; savoir : s'il y a eu à ce sujet convention spéciale, ou demande judiciaire, et si l'intérêt auquel on prétend en faire produire un autre, est dû ou échu pour une année entière.

D'après l'art. 1155 les revenus des fermages, loyers, arrérages de rentes perpétuelles et viagères produisent intérêt du jour de la demande ou de la convention. Il en est de même pour la restitution des fruits, et pour les intérêts payés par un tiers aux créanciers, en acquit du débiteur.

# Code de Commerce.

## Livre I. — Tit. 8.

### *De la Lettre-de-Change.*

### § VII.

### *De la Solidarité.*

*La Solidarité ne se présume point.* Tel est le principe consacré par le droit commun. Le Code de commerce y a formellement dérogé à l'égard des souscripteurs d'une lettre-de-change ; car le porteur d'une pareille obligation peut indistinctement s'adresser au tireur ou endosseurs pour en obtenir le paiement, si le tiré refuse de l'acquitter. C'est ce qui s'évince clairement des termes de l'art. 140 du code de commerce et de l'art. 1203 du code civil.

### § VIII.

### *De l'Aval.*

L'AVAL n'est autre chose qu'un cautionnement ; il y a cependant une différence essentielle à signaler entre ces deux modes de s'engager. Dans le cautionnement, la solidarité n'existe que tout au tant qu'elle est expressément stipulée ; tandis que le donneur d'aval est toujours obligé solidairement, si le contraire n'est exprimé ( 2021 c. c. et 142 c. com. ).

Les mots *pour aval* avec la signature, sans aucune autre formalité, constituent un engagement valable. La cour de cassation a même décidé, par son arrêt du 25 janvier 1814, qu'une simple signature *en blanc*, au dos d'une lettre-de-change, donnait naissance à l'aval. Il peut être donné ou sur la lettre même, ou par acte séparé. L'ancienne jurisprudence et tous les auteurs, tant anciens que modernes, enseignent que le donneur d'aval doit être, dans toutes les circonstances, considéré comme un endosseur ; mais la cour suprême par deux arrêts, l'un du 26 janvier 1815, et l'autre du 30 mars 1819, a jugé qu'il était assimilé, tantôt au tireur, tantôt aux endosseurs et tantôt à l'accepteur, selon celui pour lequel il avait cautionné. Cette décision est fondée sur la justice et la raison.

## § I X.

### *Du Paiement.*

UNE lettre-de-change doit être payée en la monaie qu'elle indique. La jurisprudence et l'usage ont apporté une modification à cette règle, quelque fois difficile à observer ; ce qui d'ailleurs est analogue avec la discussion qui eut lieu au conseil d'état. S'il a été indiqué dans la lettre-de-change une monaie étrangère, le paiement sera fait au cours du change, en monnaie du lieu où elle est payable. Ce cours doit être celui du jour de l'échéance ( 143 ).

Suivant l'ancienne législation, celui qui acquittait une lettre-de-change échue ou non échue, était responsable de la validité du paiement. On sent qu'une règle aussi générale devait entraîner des inconveniens fâcheux ; aussi le nouveau législateur en a-t-il modifié la rigueur par une sage distinction. Si la lettre-de-change a été acquittée à son échéance, le paiement est présumé valablement fait, tandis qu'il en est autrement si elle est payée avant le terme échu. D'après le droit commun, le débiteur peut se libérer entre les mains du créancier avant l'échéance de son obligation ; mais un système tout opposé a été adopté en matière de lettre-de-change, où le terme est censé fixé, tant en faveur du débiteur que du créancier.

Lorsqu'une seconde, troisième ou quatrième lettre-de-change porte que ce paiement annulle l'effet des autres, le débiteur sera valablement libéré en payant sur l'une d'elles ; mais si la première est acceptée et qu'il paie sur la seconde, sans retirer celle où se trouve l'acceptation, il ne sera point libéré à l'égard du propriétaire de la première.

De même celui qui aura perdu une lettre-de-change, non acceptée, pourra poursuivre le paiement sur une 2.ᵉ, 3.ᵉ, 4.ᵉ, etc. Cependant si elle est revêtue de la formalité de l'acceptation, il ne pourra former sa demande qu'en vertu d'une ordonnance du juge, et à la charge de fournir caution pendant trois ans.

Il arrive quelquefois que le porteur d'une lettre-de-change venant à la perdre, se trouve dans l'impossibilité d'en représenter une seconde. Il doit alors fournir caution, et se faire autoriser par un jugement à en poursuivre le paiement, en justifiant de sa propriété. S'il y a refus de payer, le lendemain de l'échéance de la lettre-de-change, il fait signifier un *acte de protestation*, qui tient lieu de protêt. Cette signification est faite au tireur et aux endosseurs.

Celui qui a égaré une lettre-de-change doit, pour s'en procurer une seconde, s'adresser à son endosseur immédiat, qui est tenu de lui donner ses soins, celui-ci à l'autre, et ainsi de suite jusqu'au tireur; mais il est seul obligé de supporter les frais que ces diligences exigent.

Si des paiemens sont faits à compte sur le montant d'une lettre-de-change, les tireurs et endosseurs sont déchargés jusqu'à concurrence de ces avances.

Les juges avaient la faculté, d'après l'ordonnance de 1669, de proroger le délai pour le paiement d'une lettre-de-change, qui ne pouvait être étendu à plus de trois mois; il arrivait que dans certaines circonstances les tribunaux de commerce portaient ce délai à un temps beaucoup trop long. L'art. 157 de notre code a fait cesser cet abus, en disposant *que les juges ne pourront accorder aucun délai pour le paiement d'une lettre-de-change.*

## § X.

### Du Paiement par intervention.

Lorsqu'une lettre-de-change est protestée faute de paiement, un tiers peut intervenir, afin d'éviter, soit au tireur, soit aux endosseurs, le désagrément de nouvelles poursuites. L'intervenant qui paie lors du protêt est subrogé aux droits de celui pour lequel il a fait le paiement. Il est également tenu aux mêmes devoirs. Si la lettre-de-change avait été acquittée sans qu'elle eût été protestée, cet acquittement serait censé fait par le tiré, et ne donnerait aucune subrogation à celui qui serait ainsi intervenu. L'art. 158 dit que *l'intervention et le paiement seront constatés dans l'acte du protêt ou à la suite de l'acte.*

Il est de principe, en matière d'intervention que *celui qui opère le plus de libérations est préféré.* Ainsi, s'il y a concurrence pour le paiement, le tiers qui interviendra pour le tireur aura la préférence sur tous les autres, et ainsi de suite pour les divers endosseurs.

*Cet Acte sera soutenu, le 5 Août 1828, dans la séance publique qui commencera à huit heures du matin.*

Vu par le Président de la Thèse,

**BASTOULH.**

**TOULOUSE,**

IMPRIMERIE DE CAUNES, RUE DES TOURNEURS,

HÔTEL PALAMINY.

www.ingramcontent.com/pod-product-compliance
Ingram Content Group UK Ltd.
Pitfield, Milton Keynes, MK11 3LW, UK
UKHW022240070726
13613UKWH00005B/2037